CARRIÈRES COLONIALES

SERVICES CIVILS

DE L'INDO-CHINE

Inspecteurs – Administrateurs – Commis

NOMINATION — SOLDE

CONGÉS — AVANCEMENT — RETRAITES

4ᵉ ÉDITION

PARIS

Henri CHARLES-LAVAUZELLE

Éditeur militaire

10, Rue Danton; Boulevard Saint-Germain, 118

(MÊME MAISON A LIMOGES)

—

SERVICES CIVILS DE L'INDO-CHINE

CARRIÈRES COLONIALES

SERVICES CIVILS

DE L'INDO-CHINE

Inspecteurs – Administrateurs – Commis

NOMINATION — SOLDE
CONGÉS — AVANCEMENT — RETRAITES

4ᵉ ÉDITION

PARIS
Henri CHARLES-LAVAUZELLE
Éditeur militaire
10, Rue Danton; Boulevard Saint-Germain, 118

(MÊME MAISON A LIMOGES)

SERVICES CIVILS DE L'INDO-CHINE

INSPECTEURS — ADMINISTRATEURS
COMMIS

Le personnel des services civils de l'Indo-Chine est chargé d'assurer les services d'administration générale de la colonie, soit dans les bureaux du gouvernement général, soit dans les bureaux des résidences supérieures du Cambodge, du Laos, de l'Annam et du Tonkin, soit dans les bureaux du secrétariat du gouvernement de la Cochinchine, soit enfin dans les provinces et dans les arrondissements. Ce personnel constitue un cadre spécial à l'Union indo-chinoise, distinct de celui des administrateurs coloniaux ; il est soumis au régime institué par le décret du 16 septembre 1899, modifié par le décret du 9 mars 1906, qui a groupé en un corps unique, sous la dénomination ci-dessus, les fonctionnaires qui appartenaient aux services ci-après :

Service des affaires indigènes de la Cochinchine ;

Service du secrétariat général de la Cochinchine ;

Service des résidences de l'Annam, du Tonkin et du Cambodge ;

Service des comptables de l'Annam et du Tonkin ;

Service des comptables du Cambodge ;

Service des commissariats du Laos.

La hiérarchie du corps est la suivante :

Inspecteur des services civils ;

Administrateurs de 1re classe ;

      —   de 2e — ;

      —   de 3e — ;

      —   de 4e — ;

      —   de 5e — ;

Elèves administrateurs ;

Commis de 1re classe ;

      —   de 2e — ;

      —   de 3e — .

Les administrateurs sont chargés, dans les pays de protectorat, des fonctions de résident ou de vice-résident. Dans les bureaux, ils remplissent les fonctions de chef ou de sous-chef de bureau.

Nomination. — Mode de recrutement.

Aucun concours n'est établi pour l'admission dans le personnel des services civils de l'Indo-Chine.

Les inspecteurs et les administrateurs sont nommés par décret du Président de la République, rendu sur la proposition du ministre des colonies et sur la présentation du gouverneur général de l'Indo-Chine.

Les élèves administrateurs sont nommés par arrêté du ministre des colonies. Les commis sont nommés par arrêté du gouverneur général, sans que l'administration métropolitaine ait à intervenir. Les candidats à ces derniers emplois doivent donc adresser leurs demandes d'admission au gouverneur général de la colonie, à Hanoï.

Les candidats à l'un quelconque des emplois énumérés ci-dessus doivent justifier de la qualité de Français et avoir satisfait aux obligations imposées par la loi sur le recrutement de l'armée.

Sauf les emplois d'inspecteur et d'administrateur de 1re classe, qui sont exclusivement attribués aux fonctionnaires du rang immédiatement inférieur comptant plus de deux années de services effectifs dans leur classe, tous les autres emplois peuvent être attribués, pour une certaine portion des vacances, à des personnes étrangères au corps, pourvu toutefois qu'elles réunissent certaines conditions que nous allons énumérer.

Commis de 3e classe. — Les emplois de commis de 3e classe sont attribués aux candidats pourvus d'un diplôme de bachelier et âgés de vingt ans au moins et de trente ans au plus.

Une moitié des emplois vacants est réservée aux sous-officiers, brigadiers et caporaux, comptant au moins quatre ans de services, qui se trouvent dans les conditions prévues par la loi du 21 mars 1905, sur le recrutement de l'armée et le règlement d'administration publique du 26 août 1005.

Commis de 2ᵉ classe. — Les emplois de commis de 2ᵉ classe sont attribués aux commis de 3° classe comptant plus de dix-huit mois de services effectifs dans leur classe, et aux candidats réunissant les conditions générales imposées pour la nomination aux emplois de commis de 3ᵉ classe, et pourvus de deux diplômes de bachelier ou du diplôme de licencié en droit.

Commis de 1ʳᵉ classe. — Peuvent être nommés commis de 1ʳᵉ classe, indépendamment des commis de 2ᵉ classe comptant plus de dix-huit mois de services effectifs dans leur classe, les candidats pourvus du diplôme de docteur en médecine, de licencié ès lettres, de licencié ès sciences ou de docteur en droit ; les candidats qui, pourvus d'un diplôme de bachelier, sont munis, en outre, soit du diplôme de l'Ecole des chartes, de l'Ecole des langues orientales vivantes, de l'Ecole des hautes études commerciales, d'une Ecole supérieure de commerce reconnue par l'Etat, de l'Institut national agronomique ou de l'Ecole des sciences politiques, soit d'un certificat attestant qu'ils ont satisfait aux examens de sortie de l'Ecole polytechnique, de l'Ecole spéciale militaire, de l'Ecole navale, de l'Ecole nationale supérieure des mines, de l'Ecole des ponts et chaussées, de l'Ecole centrale des arts et manufactures ou de l'Ecole des mines de Saint-Etienne.

Elèves administrateurs. — Les élèves brevetés de l'Ecole coloniale inscrits à la section indo-chinoise, qui réunissent les conditions stipulées par les décrets qui règlent le fonctionnement de cette Ecole, sont nommés élèves administrateurs.

Les élèves administrateurs sont placés en sous-ordre et ne peuvent, en aucune circonstance, exercer, même temporairement, les fonctions d'administrateur.

Les élèves administrateurs comptant une année de services effectifs en Indo-Chine dans les conditions ci-dessus spécifiées sont proposés par le gouverneur général, soit pour la nomination à l'emploi d'administrateur de 5e classe, soit pour l'accomplissement d'un nouveau stage d'un an en Indo-Chine, soit exceptionnellement, en cas d'inaptitude notoire, pour le licenciement immédiat.

Les élèves administrateurs ajournés sont, à l'expiration de leur seconde année de services effectifs en Indo-Chine, proposés par le gouverneur général, soit pour la nomination à l'emploi d'administrateur de 5e classe, soit pour le licenciement.

L'admissibilité aux fonctions d'administrateur, l'ajournement et le licénciement sont prononcés par le Ministre, sur le rapport du gouverneur général et après avis d'une commission.

Les élèves administrateurs dont l'exclusion est prononcée ont droit à l'indemnité de licenciement.

Administrateurs de 5° classe. — Peuvent être nommés administrateurs de 5ᵉ classe, indépendamment des élèves administrateurs et des commis de 1ʳᵉ classe, les commis rédacteurs de 2ᵉ classe de l'administration centrale des colonies ayant au moins six mois de services effectifs dans leur classe et âgés de 35 ans au plus ; les commis rédacteurs de 3ᵉ classe de l'administration centrale des colonies ayant au moins dix-huit mois de services effectifs dans leur classe et âgés de 35 ans au plus ; les lieutenants ou officiers assimilés des armées de terre et de mer en activité ayant quatre années de grade d'officier, dont deux passées en Indo-Chine et âgés de 37 ans au plus ; les conseillers de préfecture en activité comptant au moins quatre années de service en cette qualité et âgés de 40 ans au plus.

Administrateurs de 4° classe. — Peuvent être nommés administrateurs de 4ᵉ classe, indépendamment des administrateurs de 5° classe comptant plus de deux années de services effectifs dans leur

classe, les commis rédacteurs principaux
de 1re classe de l'administration centrale
des colonies, ayant au minimum six mois
de services effectifs dans leur classe, et
au maximum 40 ans d'âge ; les commis
rédacteurs principaux de 2e classe de
l'administration centrale des colonies
ayant au minimum dix-huit mois de
services effectifs dans leur classe et au
maximum 3S ans d'âge ; les commis rédacteurs de 1re classe de l'administration
centrale des colonies, ayant au minimum
trois ans de services dans leur classe, et
au maximum 36 ans d'âge ; les capitai-
nes ou officiers assimilés des armées de
terre et de mer en activité, ayant servi
au minimum deux années en Indo-Chine
en qualité d'officiers, et ayant au maximum 40 ans d'âge ; les juges de paix et
lieutenants de juge appartenant à la
magistrature de l'Indo-Chine et y comptant au minimum deux années de services effectifs ; les sous-préfets de 3e classe ; les secrétaires généraux de 3e classe
des préfectures de France en activité,

comptant au moins quatre ans de services dans l'administration préfectorale et âgés de 40 ans au plus.

Administrateurs de 3ᵉ classe. — Peuvent être nommés administrateurs de 3ᵉ classe, indépendamment des administrateurs de 4ᵉ classe comptant plus de deux années de services effectifs dans leur classe, les sous-chefs de bureau de l'administration centrale des colonies comptant au minimum deux années de services effectifs dans leur emploi et ayant au maximum 43 ans d'âge ; les chefs de bataillon et assimilés des armées de terre et de mer en activité, ayant servi au minimum pendant quatre années en Indo-Chine comme officiers et ayant au maximum 45 ans d'âge ; les sous-préfets de 2ᵉ classe ; les secrétaires généraux de 2ᵉ classe des préfectures de France en activité, comptant au moins quatre années de services dans l'administration préfectorale et âgés de 43 ans au plus ; les juges-présidents, juges, procureurs de la République ou substituts appartenant à la magistrature de l'Indo-Chine et y comptant au minimum deux années de services effectifs.

Administrateurs de 2ᵉ classe. — Peuvent être nommés administrateurs de 2ᵉ classe, indépendamment des administrateurs de 3ᵉ classe comptant plus de deux années de services effectifs dans leur classe, les lieutenants-colonels et colonels ou assimilés des armées de terre et de mer en activité, ayant servi au minimum pendant quatre années en Indo-Chine comme officiers et ayant au maximum 48 ans d'âge ; les sous-préfets de 1ʳᵉ classe et les secrétaires généraux de 1ʳᵉ classe des préfectures en activité, comptant au moins quatre années de services dans l'administration préfectorale et âgés de 45 ans au plus.

Les emplois d'administrateur de 1ʳᵉ classe sont exclusivement attribués aux administrateurs de 2ᵉ classe comptant plus de deux années de services effectifs dans leur classe.

Les emplois d'inspecteur sont exclusivement attribués aux administrateurs de 1re classe comptant plus de deux années de services effectifs dans leur classe.

Aucun administrateur ne peut être appelé à la direction d'une province ou d'un arrondissement s'il n'a justifié préalablement, dans les conditions déterminées par arrêté du gouverneur général, d'une connaissance suffisante, soit de la langue annamite, soit de la langue cambodgienne, soit de la langue laotienne, soit de la langue chinoise.

La connaissance de chaque langue donnera lieu à l'attribution d'une note spéciale dont il sera tenu compte pour l'avancement du fonctionnaire.

Solde.

Les traitements du personnel des services civils de l'Indo-Chine ont été fixés ainsi qu'il suit :

DÉSIGNATION.	SOLDE d'Europe.	TRAITEMENT colonial.
	fr.	fr.
Inspecteurs des services civils..	10.000	20.000
Administrateurs { de 1re classe..	9.000	18.000
de 2e classe...	7.500	15.000
de 3e classe...	6.500	13.000
de 4e classe...	5.000	10.000
de 5e classe...	3.500	7.000
Elèves administrateurs.........	3.000	6.000
Commis........ { de 1re classe..	3.000	6.000
de 2e classe...	2.500	5.000
de 3e classe...	2.000	4.000

Ces traitements sont soumis à une retenue de 5 p. 100, effectuée en vue de la retraite, et aux retenues habituelles exercées pour cause de congé ou par mesure disciplinaire.

La connaissance, soit des caractères chinois, soit de l'une des langues annamite, cambodgienne, laotienne, siamoise ou chinoise (langue mandarine ou dialecte cantonais), donne droit à une prime annuelle de 200 piastres (environ 500 fr.). La prime allouée pour la connaissance des caractères peut se cumuler avec la prime pour la connaissance d'une langue.

Ces primes ne sont payées qu'après un examen déterminé, et pour une période de cinq années seulement, au bout desquelles un nouvel examen est nécessaire pour conserver le droit à la prime.

Les commis de toutes classes, et les administrateurs stagiaires, de 5ᵉ, 4ᵉ et de 3ᵉ classe peuvent seuls recevoir des primes pour la connaissance des langues asiatiques. Les inspecteurs et les administrateurs des deux premières classes n'y ont pas droit.

Voyages.

Les fonctionnaires des services civils sont classés d'après les catégories suivantes :

1ʳᵉ catégorie B : Inspecteurs et administrateurs des trois premières classes.

2ᵉ catégorie : Administrateurs de 4ᵉ et de 5ᵉ classe. Elèves administrateurs. Commis de 1ʳᵉ classe.

3ᵉ catégorie : Commis de 2ᵉ et 3ᵉ classe.

Sur les paquebots, les catégories indi-

quées ci-dessus ont droit aux classes suivantes :

Catégorie.	Classe.	Bagages pour le fonctionnaire.	Bagages pour la famille.
1re catégorie B.	1re	600 kil.	300 kil.
2e catégorie	2o	400 —	250 —
3e catégorie	2e	350 —	200 —

Les fonctionnaires qui se rendent en
congé ou qui rejoignent leur poste à
l'expiration de leur congé ont droit au
transport gratuit en chemin de fer, pour
eux et leur famille, du port de débar-
quement au lieu de leur résidence, et
vice-versa.

Les fonctionnaires de la 1re catégorie
B voyagent en 1re classe; ceux des 2e et
3e catégories en 2e classe. Toutefois, les
administrateurs de 4e et de 5e classe voyagent en 1re classe à bord des paquebots.

Lorsqu'ils rejoignent leur poste pour
la première fois, le voyage n'est pas payé
aux fonctionnaires des services civils ;
mais ils reçoivent une indemnité de
route par kilomètre sur les voies ferrées,

et une indemnité de mise en route suivant le tableau ci-dessous :

Catégorie.	Indemnité kilométrique.	Indemnité de mise en route.
	fr. c.	fr. c.
1re catégorie B.	0 178	15 »
2e catégorie.	0 138	10 »
3e catégorie.	0 104	5 »

Congés.

Les fonctionnaires peuvent obtenir huit espèces de congé, mais il y a lieu d'examiner seulement les congés administratifs et les congés de convalescence, qui sont les plus usités.

Congés administratifs.

Après un séjour de trois ans en Indo-Chine, des congés administratifs de six mois donnant droit à la solde entière d'Europe peuvent être accordés.

La durée de ces congés peut être augmentée d'un mois pour chaque période de séjour de six mois accomplis en sus des délais indiqués ci-dessus, sans que le congé administratif puisse dépasser un an.

Congés de convalescence.

Des congés de convalescence donnant droit à la solde entière d'Europe pendant une durée de douze mois peuvent être concédés aux fonctionnaires renvoyés en France ou dans leur pays d'origine à la suite d'une maladie endémique ou épidémique.

Les congés de convalescence peuvent dans certains cas être prolongés.

Des congés avec jouissance de la solde d'Europe peuvent être accordés pour faire usage des eaux thermales ou minérales. Les fonctionnaires de la 2e et 3e catégorie sont hospitalisés dans les hôpitaux militaires des villes d'eaux. En cas de non-hospitalisation, ils reçoivent la demi-indemnité de séjour. Les fonctionnaires de la 1re catégorie ont simplement droit aux bains et douches à charge de remboursement. En général, ces congés sont accordés pendant la durée d'un congé de convalescence ou d'un congé administratif.

Les fonctionnaires des services civils peuvent enfin obtenir des permissions de trente jours au maximum à solde entière.

Hospitalisation.

En cas de maladie en France ou aux colonies, les fonctionnaires et agents ont le droit d'entrer à l'hôpital pour s'y faire soigner; ils paient pour leur hospitalisation une somme quotidienne qui leur est retenue sur leur traitement.

Cette somme varie suivant leur solde, d'après le tableau suivant :

TRAITEMENT D'EUROPE.	MONTANT DE LA RETENUE	
	en France.	aux colonies.
	fr. c.	fr. c.
7.001 francs et au-dessus....	5 »	10 »
3.001 francs à 7.000 francs..	4 »	6 »
2.501 — à 3.000 — ..	2 60	4 50
1.801 — à 2.500 — ..	2 »	4 »

Avancement.

L'avancement du personnel des services civils est donné au choix. Toutefois, les nominations des commis de 3ᵉ classe à l'emploi de commis de 2ᵉ classe et des commis de 2ᵉ classe à l'emploi de commis de 1ʳᵉ classe sont faites dans la proportion de un quart à l'ancienneté et des trois quarts au choix.

Pour obtenir un avancement, les fonctionnaires ou employés doivent avoir accompli effectivement en Indo-Chine la moitié du temps de service exigé pour passer à la classe ou au grade supérieur.

Le temps de service accompli par les fonctionnaires et employés dans certains postes particulièrement insalubres ou dangereux, déterminés par arrêté du gouverneur général, est compté pour moitié en sus au point de vue des droits à l'avancement.

Cette bonification est ajoutée en fin d'année à la durée effective des services des intéressés et détermine leur nouveau rang sur la liste d'ancienneté.

L'avancement au choix est accordé aux fonctionnaires portés au tableau d'avancement dressé dans les conditions fixées par un arrêté du gouverneur général.

Les fonctionnaires qui remplissent les conditions exigées pour l'admission directe dans le corps des services civils de l'Indo-Chine peuvent seuls y entrer par voie de permutation. Ils ne peuvent être nommés qu'au grade et à la classe correspondant à leur position hiérarchique et ils y prennent rang à la fin de la liste d'ancienneté.

Discipline.

Les peines disciplinaires applicables au personnel des services civils de l'Indo-Chine sont :

Le blâme avec inscription au dossier ;
La suspension de fonctions ;
La rétrogradation ;
La révocation.

En ce qui concerne le personnel dont la nomination appartient au gouverneur général de l'Indo-Chine, le blâme est infligé soit par le gouverneur général, soit par le lieutenant-gouverneur ou les résidents supérieurs.

La suspension est prononcée par le gouverneur général, pour une durée qui ne peut excéder un an.

La rétrogradation est prononcée par le gouverneur général.

La révocation est prononcée par le gouverneur général, après avis de la commission prévue ci-après.

En ce qui concerne les élèves administrateurs, le blâme est infligé par le gouverneur général, sur la proposition du lieutenant-gouverneur ou des résidents supérieurs.

La suspension est prononcée par le gouverneur général, pour une durée qui ne peut excéder un an.

La révocation est prononcée par le Ministre des colonies sur le rapport motivé du gouverneur général et après avis de la commission.

En ce qui concerne les fonctionnaires nommés par décret, le blâme est infligé par le gouverneur général, sur la proposition du lieutenant-gouverneur ou des résidents supérieurs.

La suspension est prononcée par le gouverneur général, pour une durée qui ne peut excéder un an.

La rétrogradation et la révocation sont prononcées par décret, sur le rapport motivé du gouverneur général et sur la proposition du Ministre des colonies, après avis de la commission préprévue ci-dessous.

La commission d'enquête prévue plus haut se compose de trois fonctionnaires des services civils désignés par le gouverneur général. L'un d'eux doit être d'un grade supérieur à celui du fonctionnaire ou employé inculpé ; les deux autres doivent être ou d'un grade supérieur à celui de l'inculpé ou plus anciens que l'inculpé en cas d'égalité de grade.

Si le fonctionnaire inculpé est un inspecteur des services civils, la composition de la commission d'enquête est déterminée par un arrêté spécial du gouverneur général.

Le fonctionnaire ou employé inculpé auquel communication a été donnée de ses notes dans les conditions déterminées par les dispositions de l'article 65 de la loi de finances du 22 avril 1905 est admis à présenter sa défense, soit verbalement, soit par écrit.

Dans le cas où les faits incriminés ne se sont pas passés en Indo-Chine, le Ministre désigne les membres de la commission d'enquête.

Retraites.

Les fonctionnaires des services civils de l'Indo-Chine sont soumis, en ce qui concerne les pensions de retraite, au régime institué par le décret du 5 mai 1898,

portant création d'une caisse locale de retraite en Indo-Chine. Les dispositions
principales de cet acte sont les suivantes :

Pensions pour ancienneté de services.

Le droit à cette pension est acquis, sans
condition d'âge, à vingt-cinq ans accomplis de services effectifs, dont vingt années de séjour en Indo-Chine, congés com-
pris, pourvu que la durée cumulée de ces
congés n'excède pas cinq années.

Sont comptés comme services effectifs,
pour parfaire la période de vingt-cinq années prévue ci-dessus, les services militaires ou civils rétribués sur les fonds du
budget de l'Etat ou des budgets locaux
des diverses colonies, à la condition, toutefois, qu'aucun de ces services n'ait été
déjà rémunéré par une pension quelconque. Néanmoins, si une partie des services militaires (non rémunérés par une
pension, cela va sans dire), a été accom-
plie en Indo-Chine, cette portion entre
pour sa durée effective dans la supputa-
tion des vingt années de service en Indo-

Chine exigées, sans préjudice de la partie restante, qui peut être comprise dans la période des cinq années admissibles pour compléter le temps de service exigé pour la retraite.

Les services civils ne sont admis qu'à partir de l'âge de vingt ans.

Le montant de la pension pour ancienneté est calculé, pour chaque année de service, à raison de 1/100 du traitement colonial moyen des quatre dernières années d'activité du fonctionnaire, sans que le total ainsi obtenu puisse excéder les 45/100 de ce traitement moyen, ni être inférieur à 800 francs par an.

Pensions proportionnelles.

Tout fonctionnaire qui réunit quinze années de services effectifs, dont dix en Indo-Chine, a droit à une pension proportionnelle, s'il est dûment constaté qu'il n'est plus propre à servir en Indo-Chine, ou lorsque, son emploi ayant été supprimé, il ne lui a pas été offert de situation équivalente. Le montant de cette pension, pour laquelle aucun maximum n'est fixé, mais qui ne peut être inférieure à 480 fr. par an, se calcule comme la pension pour ancienneté de service (1/100, par année de service, du traitement moyen des quatre dernières années).

Pensions pour blessures ou infirmités.

Ont exceptionnellement droit à pension, quelle que soit la durée de leurs services, les fonctionnaires ayant été blessés grièvement ou mis hors d'état de continuer leurs fonctions en accomplissant des actes de dévouement, ou en service commandé, ou dans l'exercice de leurs fonctions, ou encore les fonctionnaires atteints d'affections graves et incurables, provenant notoirement des fatigues ou dangers du service.

Pensions des veuves et des orphelins.

Les veuves des fonctionnaires ont droit à une pension :

1° Quand le mari est mort titulaire d'une pension pour ancienneté de services, d'une pension proportionnelle, ou ayant accompli la durée des services exigée pour la pension d'ancienneté ;

2° Quand le mari est mort titulaire d'une pension pour blessures et infirmités ;

3° Quand le mari est mort d'un accident survenu ou de blessures reçues en service commandé ; ou d'affections contractées à l'occasion de son service, à la condition, toutefois, que le mariage ait été contracté deux ans au moins avant la mise à la retraite du mari, ou avant l'époque de son décès, ou qu'il existe un ou plusieurs enfants issus du mariage.

Dans les cas prévus aux 2e et 3e paragraphes ci-dessus, il suffit que le mariage soit antérieur à l'événement qui a amené la mort ou la mise à la retraite du mari.

La pension de la veuve est fixée aux 15/100 du traitement colonial du mari, calculé, suivant le cas, sur la moyenne des quatre dernières années, ou sur le dernier traitement.

S'il s'agit de la réversion d'une pen-

sion proportionnelle, la pension de la veuve est du tiers du montant de cette pension.

Si la mère est décédée ou divorcée, les
enfants ont droit, jusqu'à leur majorité,
pourvu que le mariage dont ils sont issus
ait été contracté dans les conditions énu-
mérées ci-dessus, à un secours annuel
égal, quel que soit le nombre des enfants,
à la pension que la mère aurait pu obtenir ; la part de ceux qui décèdent ou qui
deviennent majeurs est réversible sur les
mineurs.

TABLE

Paris et Limoges. — Imp. milit., H. Charles-Lavauzelle.

Librairie Militaire H. CHARLES-LAVAUZELLE
Paris et Limoges

CARRIÈRES COLONIALES

Administrateurs coloniaux. Nominations. Fonctions. Avancement. Solde et accessoires. Congés. Retraites (3ᵉ édition)............ » 75

Instruction publique : Instituteurs et institutrices (2ᵉ édition).................... » 75

Services civils de l'Indo-Chine : Inspecteurs. Administrateurs. Commis. Nominations. Solde. Congés. Avancements. Retraites (4ᵉ édition)...................... » 75

Administration centrale du ministère des colonies : Rédacteurs. Expéditionnaires. Auxiliaires. Nominations. Solde. Avancement. Congés. Retraites (2ᵉ édition)........ » 75

Garde indigène : Inspecteurs et gardes principaux. Nominations. Fonctions. Solde. Congés. Pensions de retraite (3ᵉ édition). » 75

Travaux publics en Indo-Chine (3ᵉ édit.) » 75

Douanes et régies de l'Indo-Chine (5ᵉ édition)...................... » 75

Administration pénitentiaire : Personnel des bureaux....................... » 75

Administration pénitentiaire : Surveillants militaires....................... » 75

Services civils de Madagascar......... » 75

Magistrature : Magistrats. Juges de paix. Greffiers....................... » 75

Trésorerie d'Algérie, de Tunisie et des colonies (2ᵉ édition)................. » 75

Postes et télégraphes................. » 75

Garde indigène de Madagascar (3ᵉ édit.). » 75

Affaires indigènes.................... » 75

CARRIÉRES MARITIMES

Marine nationale. Programme des conditions requises pour l'obtention du grade d'enseigne de vaisseau, sans passer par les Ecoles navale ou polytechnique. — Brochure in-18 de 22 pages (2ᵉ édition)...................... » 50

Les mécaniciens de la marine de l'Etat (Ecole des ouvriers mécaniciens de Lorient, engagements volontaires, apprentis mécaniciens, élèves mécaniciens). Conditions d'admission, programme des connaissances exigées. — Brochure in-18 de 64 pages............. » 75

Loi du 24 décembre 1896 sur l'incription maritime, modifiée par la loi du 28 janvier 1898. Texte revu, commenté et précédé d'un court historique de l'institution de l'inscription maritime (mise à jour jusqu'au 1ᵉʳ janvier 1904). — Brochure in-18 de 112 pages.   1 25

Ecole des mousses de la marine nationale. But de l'Ecole, conditions d'admission; régime de l'Ecole et règlement intérieur. — Brochure in-10 de 52 pages.................... » 75

Programmes des conditions d'admission au brevet de *capitaine au long cours* et aux diplômes *d'officier et d'élève de la marine marchande.* — Brochure in-18 de 78 pages.   1 »

CARRIÈRES ALGÉRIENNES

Contributions directes. Organisation. Personnel. Traitements. Recrutement du personnel. Programme des matières. Répartiteurs. Programme. Avancement. Mesures disciplinaires. Congés. Passages. Retraites. — Brochure in-18....................... » 75

Contributions diverses. Organisation. Personnel. Recrutement. Programme des matières. Avancement. Uniforme. Mariage. Mesures disciplinaires. Congé. Passages. Retraites. — Brochure in-18....................... » 75

Le Catalogue général de la Librairie Militaire est envoyé gratuitement à toute personne qui en fait la demande à l'éditeur Henri **CHARLES-LAVAUZELLE.**